谁摇晃了船

[美] 柯蒂斯·贝特曼 Curtis Bateman 著
富兰克林柯维公司首席变化专家

A Story about Navigating the Inevitability of Change

WHO ROCKED THE BOAT

中国青年出版社

图书在版编目（CIP）数据

谁摇晃了船：一个关于在不可避免的变化中保持前进的故事 /（美）柯蒂斯·贝特曼（CURTIS BATEMAN）著；杨倩译.
—北京：中国青年出版社，2023.7
书名原文：Who Rocked the Boat?: A Story about Navigating the Inevitability of Change
ISBN 978-7-5153-6965-5

Ⅰ.①谁… Ⅱ.①柯…②杨… Ⅲ.①经济管理 Ⅳ.①F2

中国国家版本馆 CIP 数据核字（2023）第095522号

Who Rocked the Boat?: A Story about Navigating the Inevitability of Change
Copyright © 2022 by Franklin Covey Co.
Simplified Chinese translation copyright © 2023 by China Youth Press.
All rights reserved.

谁摇晃了船：
一个关于在不可避免的变化中保持前进的故事

作　　者：	[美]柯蒂斯·贝特曼
译　　者：	杨　倩
责任编辑：	宋希晔
文字编辑：	段丽君
美术编辑：	杜雨萃
出　　版：	中国青年出版社
发　　行：	北京中青文文化传媒有限公司
电　　话：	010-65511272 / 65516873
公司网址：	www.cyb.com.cn
购书网址：	zqwts.tmall.com
印　　刷：	北京博海升彩色印刷有限公司
版　　次：	2023年7月第1版
印　　次：	2023年7月第1次印刷
开　　本：	880mm×1230mm　1/32
字　　数：	13千字
印　　张：	3.5
京权图字：	01-2022-5957
书　　号：	ISBN 978-7-5153-6965-5
定　　价：	49.90元

版权声明

未经出版人事先书面许可，对本出版物的任何部分不得以任何方式或途径复制或传播，包括但不限于复印、录制、录音，或通过任何数据库、在线信息、数字化产品或可检索的系统。

中青版图书，版权所有，盗版必究

Contents

目 录

前 言 ········· 007

一位领导者的困境 ········· 013

第一部分

这条河的"常态" ········· 021

坠入瀑布 ········· 029

悬崖另一边 ········· 039

天空是极限 ········· 047

第二部分

开启改变之门 ………………………… 061

谁摇晃了船？反思 …………………… 071

变化的过程并非未解之谜 …………… 083

关于作者 ……………………………… 099

附　录 ………………………………… 103

如何阅读本书

没有人会拒绝一个有趣的故事，尤其当它还有着令人惊叹的结局。打开它，你将开启你的改变之旅。这本书不需要你从头到尾匆忙看完，你随时都可以翻阅，在机场候机、在书店充电、在会议室等待、在睡前静坐等任何适合零碎时间阅读的场景。

这本书是为了帮助组织和个人解决当前面临的紧迫问题提供建议，掌握一个成功的密码——富兰克林柯维变化模型，从而轻松学会对抗各种不确定性，适应变幻莫测的局势。

本书分为两大部分：故事和反思；一起在故事中感受情节的跌宕起伏，在思考中寻找灵感的突然迸发。

当你阅读本书的时候，请记住，自信、专注和实干等这些品质是伟大改变发生的最关键要素。

Introduction

前 言

在富兰克林柯维公司，我们认可故事在我们通往伟大的个人旅程中所具有的教育、引导和警示意义。经过四十年的商业经营，五千万册书（还在持续增加）售出，我们一次又一次地重申了这一点，我们强烈地感受到故事的力量——一种领导能力。这类故事中最精彩的部分往往是精心设计的简短商业寓言，它能将一种深刻的原理或实践融入生活，从而改变一个人的职业轨迹、贡献值、遗产，甚至改变组织本身。

接下来是一则关于一艘船和船员们的奇妙旅程的故事——这段旅程迫使他们适应并最终出色应对颠覆性的变化。我选择了商业故事形式，作为一种邀请你和我一起成为读者进而成为故事的共同所有者的方式——

与我们构想的船长和船员们一起反思你的变化经历。我从阅读斯宾塞·约翰逊的《谁动了我的奶酪？》一书了解到分享故事的力量，因而这么展开这项关于改变的主题的叙述工作，改变分为个人的、专业的、自觉的或意外的。对于富兰克林柯维公司的忠实读者，我建议你放下对关于组织和个人变革的书籍的常规期待，踏上这段叙事之旅。当你这样做时，反思自己与变化相关的经历。

在为现实世界的变革项目工作了多年之后，我和我的同事获得了一个伟大的洞见——尽管变革常常让人感觉混乱和无序，但它通过一种可预测的模式发展，而这一模式就是该故事的支撑。

如果你正带领着一支队伍，管理着一个组织，进行某项教养活动、训练、志愿服务或是观望着准备在自己的生活中执行一个有意义的改变，那么这本书便是为你量身定制的。并且可以保证：船长和船员们的这一奇幻冒险将会作为地图，让我们不仅了解我们（以及我们身边的人）常常如何应对变化，还能了解在正确的时机掌握所有权是怎样激发新策略、识别新机遇，甚至收获更好的结果的。

"谁摇晃了船"这一标题有点讽刺,它不应解释成一个揭示谁应该为不希望发生的变化受到指责的解决方案。更确切地说,这是我们承认对意外变化做出第一反应的一种方式——我能怪谁呢?这本书可以取一个更准确但不那么吸引人的标题:好吧,既然我和其他一些人在这艘变化之船上,且都拿着桨,也许应该看看地图,然后一起划着船走出这条路?你明白意思了吧。这本书从一个基本的认识开始:成功的改变不在于一个严格遵循的过程或沟通计划;它首先关乎于人。这要求我们绝非指着别人鼻子指责其个人造成的扰乱,而是理解我们和其他人倾向于如何对变化做出反应,并将其整合成有效前进的策略。

最后,请允许我使用"一组对话"作为切入点来进入这个故事。想象一下,一位面临意外变化的领导和他所信任的人之间的文字交流……

A Leader's Dilemma...

一位领导者的困境……

星期二　10点41分

请求帮助!

公司刚刚公布了一项巨大变革,我的团队被卷入其中。哎!

我从未带领团队经历过这种事情……

星期二　10点50分

我该怎么办?

我该从哪开始?

深呼吸……你能应付的!

星期二　11点23分

你说的倒容易！我的压力好大。

我很高兴你发信息给我。这也是你咨询我的原因。就像这种时刻,对吗?

对的。

建议呢?

我刚给你发了一则关于改变的奇幻故事。读完之后给我回信息。

河面上的航行,就如生活,往往不尽如人意。

——柯蒂斯·贝特曼

第一部分

The River "Routine"

这条河的"常态"

曾经有一位船长和船员们乘着他们幻想的船——"成果号"出发了。他们的任务是把货物运送到停靠港所在的那座山。当"成果号"以缓慢可控的速度移动时，工作人员很满意，甚至感到有点儿乏味。每个人都希望旅途一帆风顺——航道平缓，风景宜人，天朗气清，怡然自得。

船员们在一起工作已有多时，相互之间都很了解。"动力"是工程师，负责船的发动机运转；"最简化"是大副，负责监管货物；二副"抗拒"，负责船及船员们的安全；水手"等待"负责一切琐事；"退出"和"放弃"是一对双胞胎，负责轮流驾船；他们都归船长管理，船长负责"成果号"和船员们的一切相关事务。

"我更喜欢似这样柔和的河流。"水手"等待"对其他船员们说。

"这样的河流会让航行变得轻松。"大副"最简化"补充说。

"而且轻松的航行让我们有时间进行操练,"工程师"动力"说,他总是一副精力充沛的样子,"你们知道的,就是增强技能,还有学习新东西!"

二副"抗拒"挑眉回应道:"拿一份薪水干两份活?算了吧。"

"我也觉得,"掌舵员"退出"在驾驶舱里喊道,"别给自己太大压力——这次的航行将会平滑如丝。"

"就是的,"掌舵员"放弃"也同意道,"当我掌舵时,才光滑如丝!"他的自负,令大家都笑了起来。

但河面上的航行,就如生活,往往不尽如人意。

远处,"成果号"蒸汽驱动的发动机发出嘎嚓声,从上方传来低沉的吼声。船长注意到水流速度愈来愈快,他知道这可能意味着:前方有瀑布!但他们还没来得及掉转船的方向,湍急的水流就把他们拉进了飞速旋转的激流之中。

"所有人,各就各位!"船长大喊着发布职业指令,让所有船员都穿上救生衣,准备迎战未知,"前面是瀑布!"

但是,并非所有船员都照做了。

"动力"热爱新冒险所带来的兴奋感,他抓起一把铲子,开始往锅炉里铲煤。"我们越快接近瀑布,旅行将会越令人兴奋,速度越快!""动力"喜欢冲刺,享受冲刺的刺激感。

"最简化"只想知道预期的结果,只求尽量少干活,他小心翼翼,尽量让自己不去想太多或花费太多不必要的精力。"这真的是瀑布吗?我们不要做多余的事情。""最简化"说道,视线从正在审查的货物清单上抬起。

"等待"听到了船长的警告,但他仍待在原地。"我以前被这种声音骗过。最好先等一等,看看接下来会发生什么。"他说道,同时观察其他船员的反应。

"抗拒"认为他们不应该向前走——瀑布会轻易地摧毁"成果号"。"抗拒"对其他人大喊:"我们必须和急流的牵引力抗争!帮我把锚抛到船外去……"但船长打断说——水流太快了,如果锚钩住了,会倾覆这艘船的。

"退出"和"放弃"有其他想法。"退出"认为去丛林比瀑布更好,于是喊道:"祝你好运,但我要离开这里!"说完就跳下船向岸边游去。

而"放弃"也想要离开,但他还没准备好抛弃这艘船和船员们。毕竟,谁又真的知道丛林是否比瀑布更安全呢?因此"放弃"离开了驾驶盘,抓住栏杆,说:"现在驾驶盘已经没用了。"

船长则是抓住"驾驶盘",然后将"成果号"引向前方的悬崖。

Down the Waterfall

坠入瀑布

船在接近瀑布的顶端时颠簸着、倾侧着。耳边充斥着瀑布的轰隆声、水花的飞溅声和疾风的呼啸声,船员们在坠落时遭受到强烈的情感冲击。

"我告诉过你们会这样吧!我们死定了!""放弃"在喧闹声中大喊。

"我们应该抛锚的!""抗拒"呼喊。

"天啊!""等待"叫喊着,紧紧抓住栏杆,害怕事情会变得更糟。

"动力"开心地大叫,享受着肾上腺素飙升。

"最简化"保持沉默。

船长知道他们都在全情投入,看着他们高涨的情绪,他想,船跌到谷底后,我要如何做来帮助船员们呢？

"成果号"骤然跌入瀑布之下的水潭，顿时水花四溅。船员们随之坠落，相互碰撞，引擎喷发热气，发出尖锐的声音，以示抗议。其中几名船员落水，其他人不得不争相扔救生衣，将他们拉上船。"等待"甚至被瀑布的压力推入水中，但成功游回水面并获救。船员们浑身湿透，遍体鳞伤，伤害还在持续，他们继续评估损失。"成果号"受到了重击，但是它仍然漂浮着，因为船员们也还随之漂浮在水流中。

"所以现在要怎么办？""抗拒"问道，准备抵制其他意料之外的新事物。

"等待"看着其他人，寻找着下一步行动的线索。

在评估了这艘船的损失之后，船长说："瀑布对我们可怜的船只造成了严重破坏，让我们伤痕累累，现在我们需要齐心协力，让其回归正轨。"

"但我们为什么必须要走这条路线呢？""放弃"发牢骚，"那边有许多其他水路。是谁出的馊主意要走瀑布这条线？"

船长回答说："如果我们每次总是走同一条水路，

那我们永远不会找到更快更好的路线。没有一条河会永远保持不变，所以瀑布经常会是旅行中的一部分。"

"那现在怎么办？""抗拒"质问道。

船长宽慰地笑了笑，说："我知道我们当中没有人希望这样，但我们会一起想到解决办法的。"

"我完全同意，船长，""动力"踊跃说道，"尝试新鲜事物能让生活更有意思。"

"我不需要更有意思的生活。""抗拒"嘟囔着。

"郑重声明，我也不需要这个。""放弃"说。

水流将"成果号"带到了沙滩上，他们在沙滩上抛锚，上岸。当他们聚集于岸边时，注意到沙子拉拽着他们的靴子。此处行走缓慢，好像要困住他们似的。船长说："我想我们可以就地歇一会儿，但我们并不想待太久。我们决定一下怎么做，然后就动身。"

"只要我们不说太久就行。""动力"一边说着，一边轮换着双脚。

"我们只要找到河流接下来会在哪里再次汇合。""最简化"建议说。

"但它并不会指引我们走向要去的地方，"船长说，

"我们的职责是把'成果号'以及船上的货物运到山上和山后的港口——那两个地方地势都比较高。"

"好吧,即使货物损坏了,我也不在乎,""放弃"说,"我讨厌这里。"

"我们还有一项工作要做,"船长说,一边抬头望着悬崖,"那一点没有改变,登顶似乎是我们最好的选择。"

"那好吧,当然……我们只需要神奇地把船开到垂直的岩壁上。""抗拒"讽刺地说。"抗拒"知道,有时阻止一个想法的最好方法就是嘲笑它。

船员们沮丧地分散在沙滩的不同地方,沉浸于自己的想法中,思考自己愿意做什么及想做什么。

船长走近坐立于一块巨石上的"等待"。"介意我问你几句话吗?"

"等待"耸了耸肩。

"为什么大家会对攀登崖壁如此迟疑不决?"船长问。

"嗯……我会说是因为大家不愿仓促行事。"

船长思索了一会儿,然后问:"你觉得大家真的是那样想的,还是说仅仅是你个人的感觉?"

"嗯……我知道我是这么想的。再说了,我以前经历过这种事,而且从来没成功过。人们可以谈论所有他们喜欢的伟大想法,但最终,每个人只做自己的事情。"

在了解了"等待"的顾虑之后,船长问了其他每一位船员类似的问题。最终发现,大家都有自己的顾虑和反应,但是船员们最想要的是一个清晰、思虑周全和经过良好沟通、不会浪费时间的计划。经过一番激烈的头脑风暴和商谈讨论,船长提议:"我觉得我们应该把船拆了——"

"等等,""抗拒"打断说,"您是建议我们把整艘船拆掉吗?那然后呢……?一点一点抬高起来?用我们的后背背上去?船长,这是最糟糕的想法了。恐怕这里没人会支持吧。"

但"最简化"有不同看法。"这真的没什么大不了。我们可以用滑轮、桅杆和索具造一个起重机,然后把'成果号'分解成碎片,这肯定要比用上我们的背更好。当然,我不是说我想攀登崖壁,但如果那就是计划,我们至少擅长做这个。"

"我喜欢这个计划!""动力"大叫,大家丝毫不感到惊讶。

"你忘了它有多重了吗?""放弃"问道,"即使我们把'成果号'分解成最小块。我并不关心我们有多少滑轮;(即使再多滑轮)我们也永远做不到。"然后"放弃"转向"抗拒"说:"你是站在我这边的,对吗?"

"抗拒"点点头,露出狡黠的微笑。

"好吧,"船长说,"但还有什么其他方案吗?"

船员们互相看了看。他们都想不出更好的办法,让这艘船和船上的货物到达崖顶。

船长说:"那就这样吧,我们开始吧。"

其他人点头表示同意,少数一两个人不太情愿。但这足以让"等待"看清事态的发展。"我会帮你拿到工具的。""等待"对已经朝着船跑去的"动力"大声说。

船长对此感到很满意——船员们已经决定去工作了,他很清楚走出这个峡谷会让队员们承受前所未有的压力。

Up the Other Side

悬崖另一边

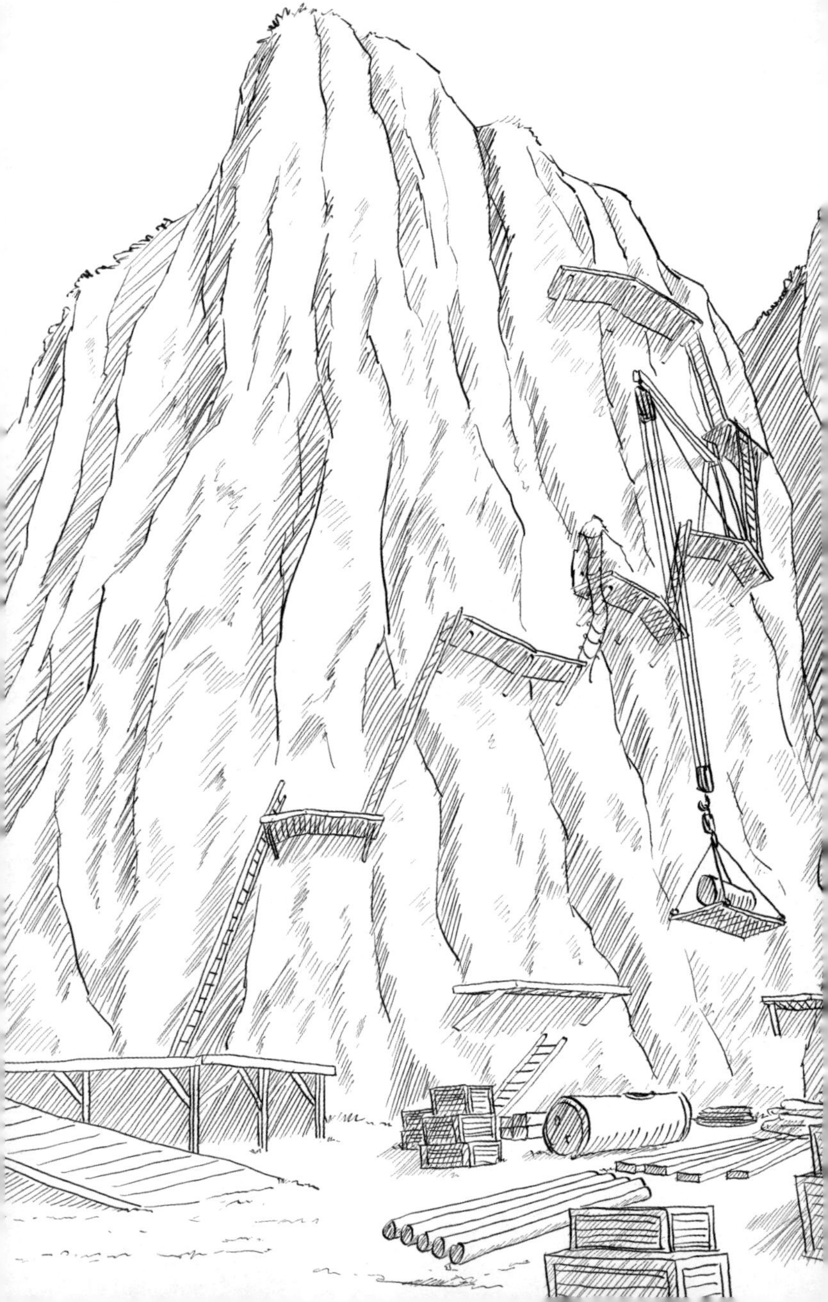

他们想出来的这个计划需要好几个步骤。首先,他们要把船分解成拿得动的碎片。其次,他们要建造梯子,带着在崖顶建造起重机必需的这些部件爬上岩壁。然后他们要用起重机吊起捆装零件和货物。最后,当所有人和货物都安全地聚集在上面的高地时,他们将重新组装"成果号",再把船放进河流——让一切恢复如初。

除了"动力"之外,所有人都觉得这是个可靠的计划,"动力"在讨论时中途离开,攀爬上了岩壁的三分之一高处。"动力"有几卷绳子,几个滑轮,各式各样的工具塞在多功能腰带里。船长不得不叫"动力"返回,"动力"皱了皱眉但还是开始往下滑。

"你知道我们这里还需要那些东西吧!""最简化"对着"动力"大喊,这样就不会错过重点。

"动力"回到沙滩后,船员们开始着手拆卸船只,拆掉蒸汽发动机,卸下货物,拆下并折叠舱盖和应急帆,卷起绳索,固定沉重的滑轮,切断辅桅,用作起重机的吊臂。每当有一项特定任务让大家感到艰巨时,"最简化"就会提醒他们,他们都受过船舶维修培训,因此分解"成果号"并非遥不可及。最终船员们完成了船只的拆解,将所有材料聚集到平台,然后建造了必需的梯子。

现在是时候攀爬了。

但即使是"最简化"也低估了所必需的努力。这是极其艰苦的工作。他们必须在岩壁上找到一个合适的点,把台阶保持在那个位置,爬上去,固定好,搭一个小平台,然后往上递至下一个台阶,不断地重复这个过程。

有时,船员们会碰到这种地方,在这个地方找不到任何固定台阶的好位置,然后不得不放弃,尝试另一条路线。有时,他们不得不把台阶横着放,沿着他们不想去的方向攀爬，希望能找到另一条向上的路。还有时候，大风肆虐，差点把他们从岩壁上刮下来。船员们在悬崖表面曲折前进必须要克服这些挑战，而且远远不止这些挑战，有时往上移，有时往侧面移，有时向下移；但最终，在不懈的努力下，他们持续往上攀登。

最后，他们成功地抵达顶峰。在那里，他们建造了滑轮，下面的滑轮同时也能将材料固定并向上提。

成功了！至少他们是这么认为的。

结果，令他们大为沮丧的是，"抗拒"一直都是对的。这些部件太重了，甚至用上所有滑轮和桅杆都无法支撑！不管他们怎么努力，船员们就是没有足够的力气把这些沉重的包裹拽起来。

"你们听过当你说'我告诉过你了吧'这部分故事没？""抗拒"向团队成员大喊道。

"请别这样。""等待"恳求说。

"好吧，那是白费力气。""最简化"看着他们建造的起重机说。

"我绝不同意，""动力"说，"我们已经做到了这一步，值得一些称赞。"

"好,""抗拒"说,"那就给你自己鼓鼓掌,以资鼓励。现在感觉好些了吗?"

"'动力'说得确实有点道理,"船长说,他知道船员们做到现在这个程度有多么艰难,"我们解决了悬崖上的各种挑战。"

当船员们回想起他们有多努力地在工作时,他们确实觉得自己在解决如何克服意外情况方面进步了。

"还记得我们的螺钉快用完的时候吗?""等待"问道,"我们找到了一种方法,利用岩石裂缝作为天然的锚。"

"或者记得当岩壁凸出,梯子不起作用时吗?""动力"说,"'抗拒'用一堆巧妙的酒瓶结做了一个绳梯。"

"这是最有效的解决方案。""抗拒"说。

船员们意识到了自己所取得的成绩,在船长的鼓励下,他们不再抱怨,转向解决眼前的问题。最终,他们决定改变锅炉的用途,将人力驱动的起重机改造成蒸汽驱动的起重机。锅炉部件很大,但没有重到船员们无法独自举起它们的程度。这意味着他们可以使用现有的滑轮到达崖顶。

在他们把锅炉部件运送到上面后,"动力"重装了这些零件,使蒸汽机适应新的作用。

这一切都完成后,火点燃了且烧得更旺,船员们站在后面望着。突然,活塞开始移动,然后随着排气口喷出的蒸汽开始抽动。"最简化"拉动杠杆,新机械起重机轻松地转动起来。

船员们欢呼雀跃,互相击掌庆贺。船长笑了笑,表示他们已经有一段时间没有这样的胜利了。事实上,是很长一段时间。

在船上所有重物和大型物品都从峡谷运走后,船员们进行了最后一次攀爬,在爬到崖顶时取回了梯子和平台。上下上下,一遍又一遍。攀爬悬崖竟比船长预料的要更加困难。但只要船员们齐心协力,踏踏实实走好每一步,他们就能走出困境。

站在新的有利位置,船长和船员们能够看到瀑布和河流,这标志着他们旅程的开始。穿过长满青草的高地,他们看到了一条通向群山的河流。每个人都精疲力竭,但他们都因自己获得的成就而自豪——很快他们就能回归正轨了!

The Sky's the Limit

天空是极限

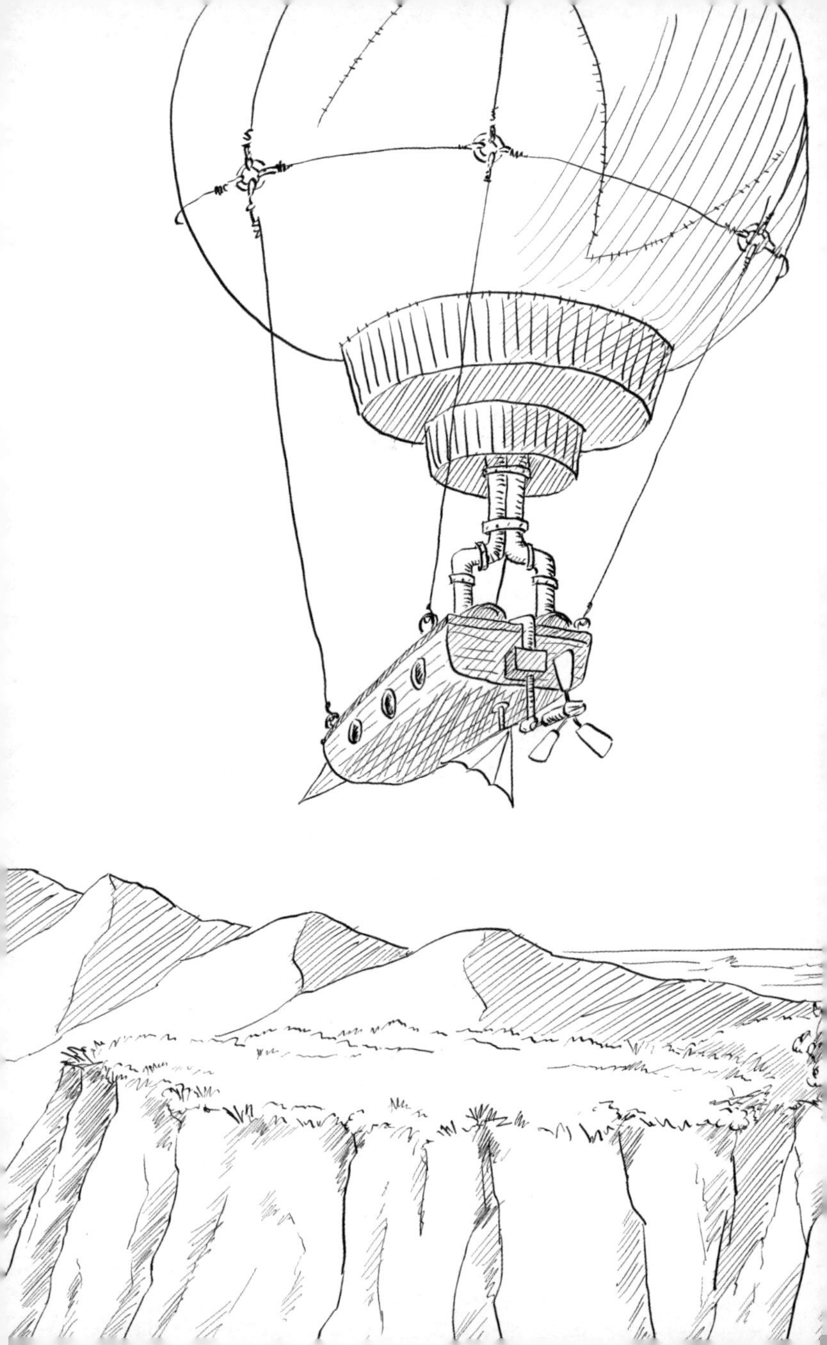

不过有些东西变了。

船员们都改变了。他们开始庆祝。

"随你怎么说,但我们克服了重重困难才走到这一步,"船长说,"嘿,这让大家团结合作了。"

然后船长转身对每个船员说:"'动力',你永远不会拘泥于旧的做事方式。我总能指望你尝试新事物。'最简化',我喜欢你总是专注于必要的事情,所以我们不会晕头转向。'等待',你会问出最好的问题,并且不会鲁莽行事。'抗拒',你迫使我们检验我们的思维,这是无价的。还有'放弃',即使你没有参与其中,我也知道你可以是一个早期预警信号,警示我们其他人可能看不到的东西。你们都是多么了不起的船员啊!重回正轨很好，但我们确实浪费了很多时间。"

"最简化"说："我不想离开家太久。这让我想知道我们还能做些什么来加快进度。"

"这是个很有趣的想法。""动力"说。

"也许我们应该想一些主意，""等待"建议道，"比如重组'成果号'，这样它能更快地穿行水面。"

"或者卸掉一些不必要的货物。""抗拒"建议说，他喜欢不必把所有东西都搬回到船上这个主意。

"动力"补充说："我打赌，如果我进一步改进发动机，就可以获得更大的动力。"

"在蜿蜒曲折的河道上让船行驶得更快是个糟糕的想法。""抗拒"说，他对任何伴随着过度热情而来的变化都持怀疑态度。

"我喜欢这种创意，"船长说，"但'抗拒'说得有道理——河道有天然限制。我想知道有没有办法离开这条河……？"

"蒸汽动力步行机怎么样？""动力"提议，他喜欢在一个巨型机械装置里踩来踩去这个主意。

"从瀑布上面走下来？我该用今天剩下的时间来解

释这是个多么可怕的想法吗?""抗拒"问,"因为我可以做到。"

"好吧,我看不出从瀑布上走下来比漂浮在瀑布上好在哪里。""等待"答道。

"等一下,""抗拒"坚定地说,"别疯闹了。我们是船上的船员。这是我们所知道的,也是我们应该回归的正轨。"

"但是船有各种不同类型,不是吗?""动力"说,"不同船的功能不同,解决的问题也不同。"

"等待"想了一会儿,然后惊叫道:"比如飞艇!"

船长突然看见了飞艇,他转向散落在草地上一堆堆的部件。"一艘飞艇……仔细想想也不是不可能。基本结构一样,只是做了一些修改,就让我们离开地面。想想看……坐飞艇的话,我们就可以在河流和丛林的上空飞速航行——'成果号'就真的上升了!"

"最简化"也能想象这一场景。"当然,仍是一艘船,但改装后就足够使它更好。座舱盖可以缝进气球里。"

"好吧……这是个大改动,但也不是不可能。我们有大量的材料，特别是急救帆的材料。"

"并且锅炉的蒸汽可以产生热气，让我们上升，""动力"说，"所有货物加起来需要大量热气，而那些发动机也逐渐变热。"

"并且螺旋桨也能像以前那样转动，只不过现在是在空中，而不是在水里！""等待"喊道，"和以前一样的基本机制。"

"你需要一个舵手来掌舵，""放弃"说，"但那感觉和我以前的工作很接近，只是……更高了。"

精力恢复后，船员们开始工作，把他们的想法变为现实。

过了一会儿，当太阳落在地平线上时，一艘全新的飞艇成型了。舱盖和船帆都重新设计了，锅炉的用途改变了，螺旋桨重组了，这艘船升到了空中。当"放弃"转动驾驶舵时，现在作为翼来使用的舵也转动了起来。飞艇优雅地转向他们停靠的方向——群山。船长和船员们不再受制于在他们身下蜿蜒而缓慢的河流。

在远处，船员们看到了"退出"，他站在丛林的边缘，惊讶地挥手。他们只希望"退出"的下一次冒险能够像他们一样有所收获。而对于他们来说，在这艘新飞艇上，船长和船员们以比以往更快的速度和更高的效率前进。

当然，前方还会有挑战，但那是下一次了。此外，船员们了解到自己比以前所认为的更具有抵抗力和创新力。因此在这一刻，他们为这一事实——"成果号"曾沿着一条缓慢且大多数情况下可预测的道路前进，而现在它腾空疾驰——欢呼雀跃。

他们也是一样。

哇,那条瀑布现在简直就是我的生命!思绪万千……

我该从哪儿开始?我有一箩筐的问题。

很简单!
和你的团队成员分享这个故事。让他们读一下这个故事。

我会发一些开场白给你。挑选一些,然后开始和团队成员们谈谈。

谢谢！但这太快了吧。

那样会让你马上行动起来。

明天一起吃午饭？我们可以讨论下进展，以及接下来的步骤。

听起来很棒。我会看你发给我的东西，然后我们可以讨论一下。说真的，太感谢啦！

航行笔记

认识这艘"成果号"上的成员?

成员名称	个人职责	性格	面对变化的反应
船长			
"动力"			
"最简化"			
"等待"			

这艘船经过了哪几个阶段，分别都在什么地方遇上哪些困难？

阶段特征	地点	困难\挑战

改变不仅仅是生活的必要——改变就是生活本身。

——阿尔文·托夫勒

第二部分

Change Conversation Starters

开启改变之门

《谁摇晃了船》一书是为了在各种背景下使用而写的，它可用作讨论与反思的出发点。使用下面的提示来进一步探索个人（自我）、指导（一对一）或团队/组织的变化：

个人变化（自我反省的问题）

- 是你把你的船置于这条河里，还是外部环境把你的船放在这条河里的？你对此有什么看法？

_____

_____

_____

- 当你看着瀑布另一边的悬崖时,你在悬崖顶端的变化是什么样子的?这个愿景有多清晰?你能向别人描述一下吗?

___

___

___

___

- 这种愿景是否足以激励你沿着瀑布爬上悬崖?如果不是,你的愿景需要实干吗?你需要更多技能和资源吗?

___

___

___

___

- 你还需要哪些信息来选择悬崖或是沿着峡谷漂流？

_____
_____
_____
_____

指导（一对一）

- 利用河流之旅，告诉我，你的变化。

_____
_____
_____
_____

- 哪种反应最符合你的反应？

_____
_____

- 你对自己的反应满意吗?对于这一变化,这种反应正确吗?

- 这次的"变革河流之旅",哪部分让你最为满意?哪部分最不满意?为什么?

- 在沙滩上,船长和每个船员都进行了交谈,如果在沙滩上的人是你,你最担心的是什么?船长应该问你什么问题?你会怎么回答?

_____

_____

_____

_____

团队/组织的变化

- 河流的常态是什么?谁能分享我们的现状?感觉它停滞不前怎么办?在哪里它觉得安全和可预见?在哪里觉得疲劳和沮丧了?这些答案是否符合企业所传达的"我们为什么要改变"的信息?它们应该符合吗?如果不符合,你能和谁说,这样你就能理解它们为什么不符合了?

_____

_____

- 在我们的组织中,谁在"成果号"这艘船上,并将经历这场变革?谁回到了公司办公室且并未经历这场变革?这些人应该在这艘船上是因为他们能帮助攀登悬崖吗?

- 使用河流之旅这个例子——将组织内的每个团队都置于河流之旅中的位置,每个团队的船应该会在同一个地方吗?为什么会?为什么不会?

- 你团队的船只"成果号"是否拥有攀登悬崖所需的一切资源?组织可能还会给你的船配备什么其他资源?

_____

_____

_____

_____

- 你的船长对此次旅行的了解比你要多吗,还是说你了解的和他一样多?如果你要帮助船长,你希望船长还能提供关于此次旅行的哪些信息?为船长想出五个你觉得最好的问题,来帮助团队在瀑布和悬崖的这段旅程中取得成功。

_____

_____

_____

_____

Who Rocked the Boat? Reflection

谁摇晃了船？反思

我们每个人一生之中都在沿着各式各样的河流行进，这意味着任何时候我们都能发现自己正在应对不确定性——无论是全球疫情、职场轮班、团队新角色、在学校开始一门新课程、新生儿出生、亲人离世、离婚，还是应对一个项目或个人目标的挫折。

在这则故事中，你已经对一种可预测的变化模式以及应对变化的五种常见反应有所了解了。思考一下船长和船员们的经历与你关于变化的经历有什么相同或不同之处。然后回答下面几页问题：

- 当你阅读或听这个故事时，你对改变有什么洞见或是"顿悟"？

- 在你自己应对变化的反应或他人的反应中,你注意到或认同哪个人物:"动力"、"最简化"、"等待"、"抗拒"、"放弃"、"退出"?

- 你会对其中几个人物感同身受吗?感觉谁最像你?

- 人与人之间的关系如何使变化成功（或最终导致它失败）？

_____

_____

_____

- 在你的船上，那些应对变化表现出不同反应的人是如何为改变做出贡献的？这是因为他们的反应不同吗？

_____

_____

_____

- 应对变化的反应可以超越故事中的五个人物。当你的这艘船在经历艰难变化时，还有谁在你的船上？（例如，"反叛"，他准备好要抓一根火把，并隐喻性地将行动方案烧为灰烬；"恐惧"，他被消极和恐惧所控制,将会抓住一切机会分享消极和恐惧;"矛盾",他无法确定或决定何去何从;等等。)

_____

_____

_____

_____

尽管变化可能会让人感到混乱和不安,但它遵循着一套可预测的模式。想想你是如何度过自己的变化之旅的:

- 在刚开始时,这条河的常态化现状。

◇ 这个阶段对你而言是什么感觉?思考一下当时的情绪和互动。

_____

_____

_____

_____

- **瀑布引起的搅扰和混乱。**

  ◇ 你曾经经历过多大的瀑布?

  _____
  _____
  _____
  _____

  ◇ 在经历瀑布的时候是什么感觉?

  _____
  _____
  _____
  _____

  ◇ 你身边的人是如何反应的?

  _____
  _____
  _____
  _____

- 需要采取新策略去攀登悬崖,并带着"成果号"回到他们所在的位置。

◇ 经历瀑布后,做出继续前进的决定有多难?有多少次你不得不找到一条新的路线,走进死胡同,或者重新开始?你的计划是经过深思熟虑的吗?还是说你做出攀登决定只是出于一时冲动?

_____

_____

_____

_____

◇ 如果你当时依赖于他人,他们是如何使攀登变得更容易或是更困难的?

_____

_____

_____

_____

◇ 当你攀登下一个变化——悬崖时,你和你的团队能做些什么来为未来的创新埋下种子?

_____
_____
_____
_____

● 从攀登悬崖的权衡和学习中获得的这种创新,变成了一种新的思维和做事方式。

◇ 最后,船员们将"成果号"这艘船重新改造为飞艇。对于与变化相关的可能的创新,从一艘在水上航行的船到一艘飞艇的这一飞跃意味着什么?创新的创造力总是需要产生这么大的变革性飞跃吗,还是可以以更小程度来实现?为什么可以或为什么不可以?

_____
_____
_____
_____

◇ 你有没有利用这一变化经验去做更多事情,而不是回到以前的样子?从这一经验中涌现了什么样的创新?

_____

_____

_____

_____

有些瀑布是不可预见的;还有些瀑布是策划好的。

• 基于你知道前面有瀑布或是不小心撞上了瀑布,这一变化的经验会有所不同吗?为什么不同或为什么相同?

_____

_____

_____

_____

大多数船都有船长。

• 船长会如何反映领导者在你的变革倡议中所

扮演的角色,是好还是不好?

- 领导者可以做些什么不同的事情来帮助"船员们"成长或仅仅只是在这一经历中幸存下来?

- 你会如何用这则故事向别人引出和讨论变化?

The Change Process Is Not a Mystery

变化的过程并非未解之谜

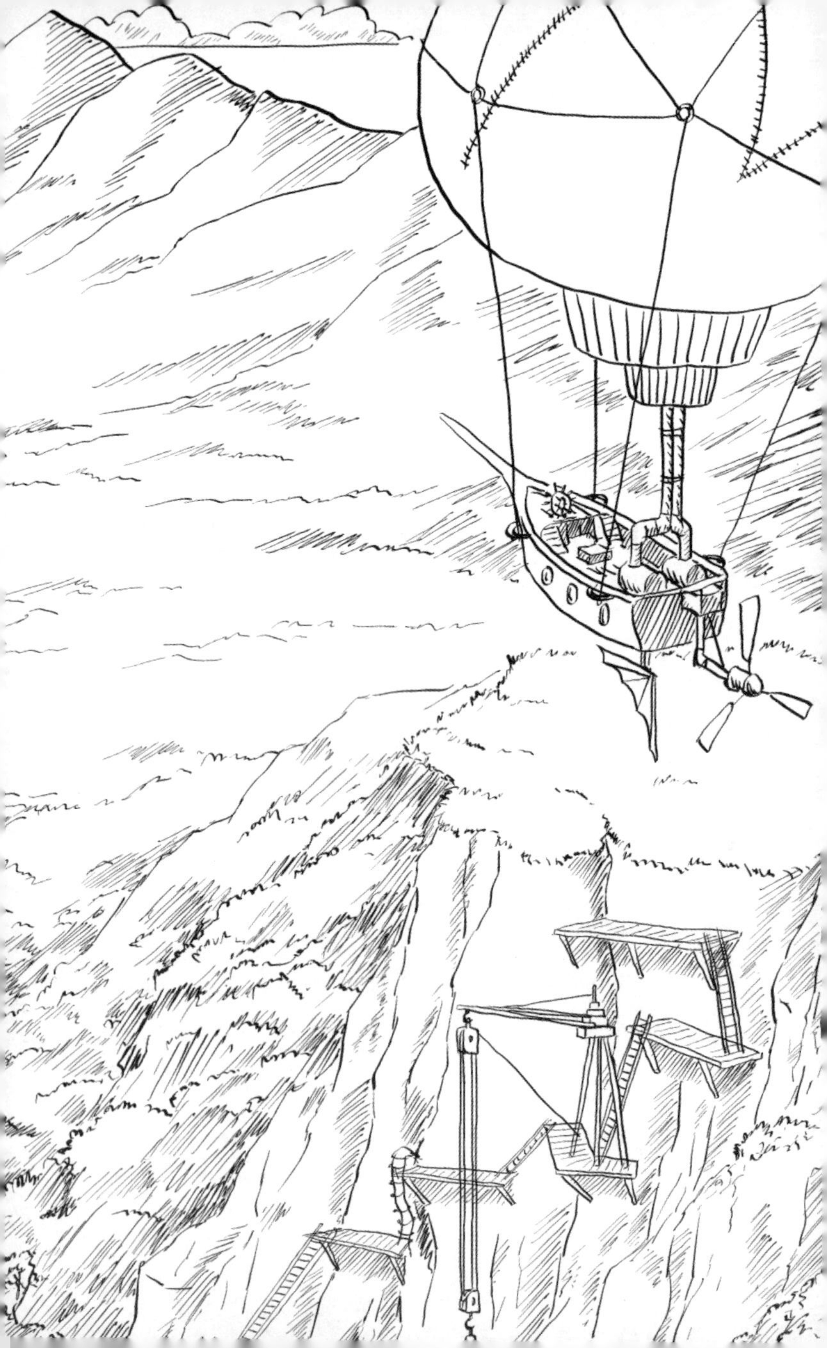

这个故事阐述了一个常见的模式，我们在工作中与无数的组织和个人一起共事就看到过这一模式。在接下来的几页中，我们将从故事中获得一些想法，并将它们与变化模型联系起来。但首先，介绍三个重要的变化原则：

- 变化不是谜。它遵循着一个我们能够加以利用而且可预测的模式。我们称这种模式为变化模型。
- 应对变化有五种常见反应。这些反应并无对错之分，但无论我们正面临着何种变化，都需要理解与反思。
- 领导者/船长（无论是正式的领导者还是个人

对变化的最佳直觉）可以根据他们所使用的以及愿意学习的技能来实现或破坏变化的成功。

这个故事的另一个教训是，没有变化，我们就不会进步。虽然变化是一种永恒的驱动力，但它并非总是难以捉摸。你对于应对变化的反应和变化模型越是熟悉，你就越能有效地消除恐惧，并将变化的不确定性转化为有意义的机遇。

五种应对变化的常见反应

我们都经历过不同的变化，但这个故事突出了五种常见的反应：

- 快速行动：拥有针对变化采取行动的冲动
- 尽量不变：专注于预期内的事物，尽可能不做改变
- 静观其变：不立即采取行动，看到其他人改变再慢慢适应
- 抵制变化：厌恶变化，并私底下或公开地尝试劝说他人一起反对变化

- 退出回避：选择退出，要么离开（一个团队、一段感情等）或者留下但拒绝参与变化

领导者（船长）

对于领导者/船长而言，可能很容易将变化视为严格遵循的过程，尽可能高效地带领人们完成它。但那并非正确的重点。变化首先是关于人的——无论是自己独自经历一种或多种反应，还是正式带领一个团队朝着一个目标去经历变化。

变化模型

《谁摇晃了船》是一则关于变化本质的故事。对于组织、团队和个人而言,它都是一种谈论他们如何经历变化的方式。

"成果号"

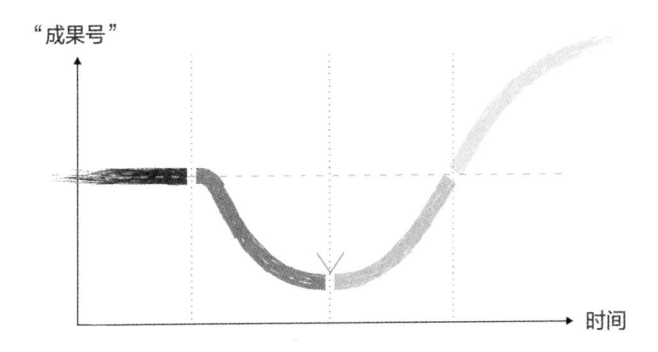

时间

这则故事描述了可预测的变化模式。变化模型提供了必要的结构,让人在给定的变化中定位自己的位置,并清楚知道前面会发生什么。就像这艘船的船员们一样,你可以使用变化模型作为地图来绘制前进的道路:做出关键决策,采取新的行为,并为创新奠定基础。

四大区域

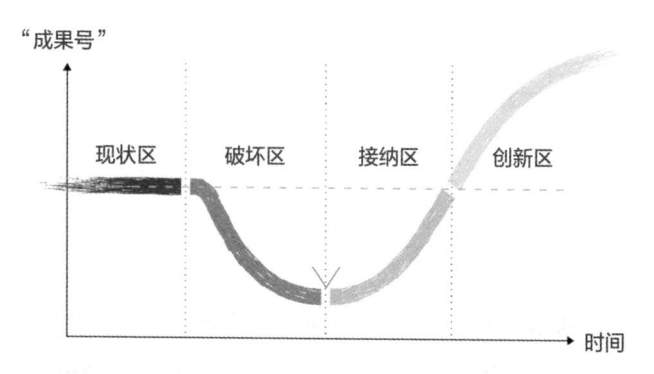

"成果号" ↑

| 现状区 | 破坏区 | 接纳区 | 创新区 |

→ 时间

变化模型中有四大区域：

- 现状区
- 破坏区
- 接纳区
- 创新区

现状区

现状区是你在变化到来之前所经历的。在这里,你和身边的人都会感到安逸,觉得一切如常,即使这只是暴风雨前的平静。最成功的变革者会在这个阶段投入时间和精力为未来做准备。

破坏区

当你从变化即瀑布的边缘跌落时,你就进入了扰乱区。正如故事中的船员一样,当"成果号"急剧下降时,不难发现自己陷入混乱和模糊之中。你曾经拥有的很多东西可能会消失,你曾做过的事情常常会停止。破坏区最乐观的是让人感觉不适,最糟糕的是让人痛苦。

情绪高涨的时候,那些处于破坏区的人通常会默认回答三个问题:

- 什么在改变?
- 为什么它会改变?
- 它将如何影响我?

接纳区

在这里,你必须接纳新的现实。正因如此,接纳区是大多数改变尝试失败的地方。正如"成果号"上的船员一样,你不太可能在第一次尝试时就爬出去。从接纳区向上升意味着尝试接受新事物,即使这种尝试最终会以失败告终。你可能会觉得自己取得了一些进步,然后突然发现自己其实在倒退。这些都是这段旅程里接纳区的整个过程。秘诀就在于持续行动，强健变化的肌肉，这不仅能让你达到之前的结果，还能为之后的许多事情奠定基础。

创新区

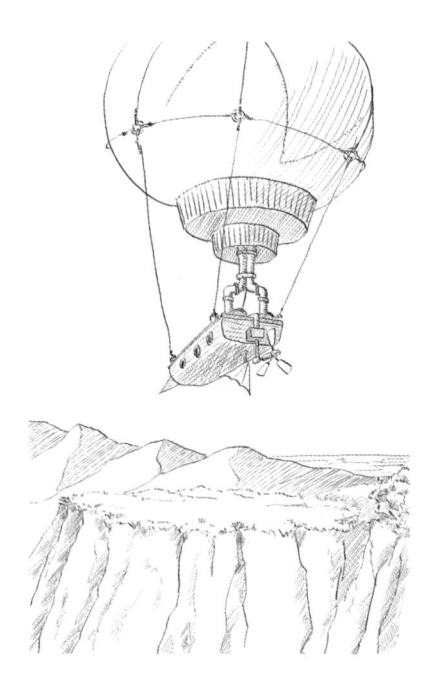

在创新区，你不仅达到了瀑布之前的结果，而且还随时准备将它们推得更高。进入创新区意味着你已经形成了必要的变化肌肉，而不仅仅是达到你开始的地方——你已经学会了适应和克服传统思维以及可能仍然有益的挑战方式。可悲的是，那些未能进入创新区的人为变化付出了代价,却没有收获所有的好处。

在创新区,你有机会把你的变化新肌肉投入工作之中,问下面这类问题:

- 有哪些可能性?
- 我们以前没有想到过什么?
- 我们怎样才能让事情变得更好呢?

结 论

现在你也听过《谁摇晃了船》这个故事了。告诉其他人，分享它，使用它。

看看你应对下一个遇到的变化的反应：有所意识，并决定它是不是正确的反应，选择你将如何做出反应。

在通往伟大的道路上帮助自己和他人。

About the Author

关于作者

柯蒂斯·贝特曼是富兰克林柯维公司的首席变化专家之一，也是《谁摇晃了船：一个关于在不可避免的变化中保持前进的故事》的作者。他目前担任国际直接办事处副总裁和高级变化顾问。柯蒂斯拥有25年的经验，足迹遍布全球，并为富兰克林柯维公司全球分公司的国际性成功做出了贡献。他是国际公认的发言人，内容开发人员、业务领导者和指导员。

在加入富兰克林柯维公司之前，柯蒂斯是红树领导公司的总裁兼首席执行官。在那里，他带领公司从只有单一产品发展到拥有一套变革和领导力解决方案。在这些解决方案中,他是五个新培训项目的共同贡献人,这些培训项目侧重于应对工作场所和生活中的变化。

柯蒂斯目前与妻子和四个孩子在美国西部的犹他州生活。在那里,他徒步旅行、摄影,腾出时间享受户外生活。

Appendix

附　录

富兰克林柯维变化模型

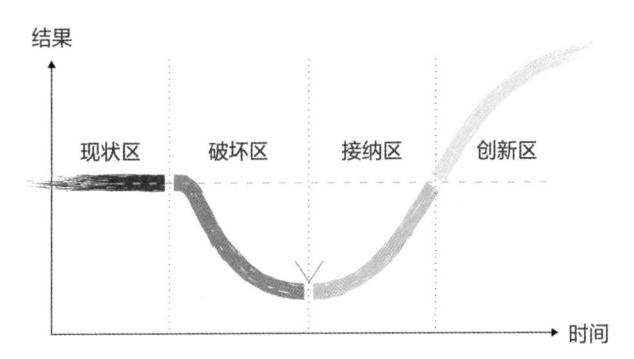

结果 / 现状区 / 破坏区 / 接纳区 / 创新区 / 时间

现状区

现状区是你在变化到来之前所经历的。在这里，你和身边的人都会感到安逸，觉得一切如常，即使这只是暴风雨前的平静。最成功的变革者往往会在这个阶段投入时间和精力为未来做准备。

破坏区

当你打破平稳的状态、进入变化时，你就进度了破坏区。正如本书故事中的船员一样，当"成果号"急剧下降时，不难发现自己陷入混乱和模糊之中。你曾经拥有的很多东西可能会消失，你曾做过的事情常常会被迫停止。

接纳区

在这里，你必须清楚认识到变化呈现的新现实、勇敢接受新事物，你可能会觉得自己取得了一些进步，然后突然发现自己其实在倒退。正因如此，接纳区是大多数改变尝试失败的地方。秘诀就在于持续行动，强健变化的"肌肉"，这不仅能让你达到曾经设想的结果，还能为未来更多事情奠定基础。

创新区

进入创新区意味着你已经形成了必要的变化肌肉，而不仅仅是达到你开始的地方——你已经学会了适应和克服传统思维以及可能仍然有益的挑战方式。在创新区，你不仅达到了被扰乱之前的水平，而且还随时准备将他们推得更高。可悲的是，那些未能进入创新区域的人为变化付出了代价，却没有收获所有的好处。

FranklinCovey

品牌故事

三十多年前,当史蒂芬·R.柯维(Stephen R. Covey)和希鲁姆·W.史密斯(Hyrum W. Smith)在各自领域开展研究以帮助个人和组织提升绩效时,他们都注意到一个核心问题——人的因素。专研领导力发展的柯维博士发现,志向远大的个人往往违背其渴望成功所依托的根本性原则,却期望改变环境、结果或合作伙伴,而非改变自我。专研生产力的希鲁姆先生发现,制订重要目标时,人们对实现目标所需的原则、专业知识、流程和工具所知甚少。

柯维博士和希鲁姆先生都意识到,解决问题的根源在于帮助人们改变行为模式。经过多年的测试、研究和经验积累,他们同时发现,持续性的行为变革不仅仅需要培训内容,还需要个人和组织采取全新的思维方式,掌握和实践更好的全新行为模式,直至习惯养成为止。柯维博士在其经典著作《高效能人士的七个习惯》中公布了其研究结果,该书现已成为世界上最具影响力的图书之一。在富兰克林规划系统(Franklin Planning System)的基础上,希鲁姆先生创立了一种基于结果的规划方法,该方法风靡全球,并从根本上改变了个人和组织增加生产力的方式。他们还分别创建了「柯维领导力中心」和「Franklin Quest公司」,旨在扩大其全球影响力。1997年,上述两个组织合并,由此诞生了如今的富兰克林柯维公司(FranklinCovey, NYSE: FC)。

如今,富兰克林柯维公司已成为全球值得信赖的领导力公司,帮助组织提升绩效的前沿领导者。富兰克林柯维与您合作,在影响组织持续成功的四个关键领域(领导力、个人效能、文化和业务成果)中实现大规模的行为改变。我们结合基于数十年研发的强大内容、专家顾问的见解,以及支持和强化能够持续发生行为改变的创新技术来实现这一目标。我们独特的方法始于人类效能的永恒原则。通过与我们合作,您将为组织中每个地区、每个层级的员工提供他们所需的思维方式、技能和工具,辅导他们完成影响之旅——一次变革性的学习体验。我们提供达成突破性成果的公式——内容+人+技术——富兰克林柯维完美整合了这三个方面,帮助领导者和团队达到新的绩效水平并更好地协同工作,从而带来卓越的业务成果。

富兰克林柯维公司足迹遍布全球160多个国家,拥有超过2000名员工,超过10万个企业内部认证讲师,共同致力于同一个使命:帮助世界各地的员工和组织成就卓越。本着坚定不移的原则,基于业已验证的实践基础,我们为客户提供知识、工具、方法、培训和思维领导力。富兰克林柯维公司每年服务超过15000家客户,包括90%的财富100强公司、75%以上的财富500强公司,以及数千家中小型企业和诸多政府机构和教育机构。

富兰克林柯维公司的备受赞誉的知识体系和学习经验充分体现在一系列的培训咨询产品中,并且可以根据组织和个人的需求定制。富兰克林柯维公司拥有经验丰富的顾问和讲师团队,能够将我们的产品内容和服务定制化,以多元化的交付方式满足您的人才、文化及业务需求。

富兰克林柯维公司自1996年进入中国,目前在北京、上海、广州、深圳设有分公司。

www.franklincovey.com.cn

更多详细信息请联系我们:

北京 朝阳区光华路1号北京嘉里中心写字楼南楼24层2418&2430室
电话:(8610)8529 6928 邮箱:marketingbj@franklincoveychina.cn

上海 黄浦区淮海中路381号上海中环广场28楼2825室
电话:(8621)6391 5888 邮箱:marketingsh@franklincoveychina.cn

广州 天河区华夏路26号雅居乐中心31楼F08室
电话:(8620)8558 1860 邮箱:marketinggz@franklincoveychina.cn

深圳 福田区福华三路与金田路交汇处鼎和大厦21层C02室
电话:(86755)8337 3806 邮箱:marketingsz@franklincoveychina.cn

富兰克林柯维中国数字化解决方案：

「柯维+」（Coveyplus）是富兰克林柯维中国公司从2020年开始投资开发的数字化内容和学习管理平台，面向企业客户，以音频、视频和文字的形式传播富兰克林柯维独家版权的原创精品内容，覆盖富兰克林柯维公司全系列产品内容。

「柯维+」数字化内容的交付轻盈便捷，让客户能够用有限的预算将知识普及到最大的范围，是一种借助数字技术创造的高性价比交付方式。

如果您有兴趣评估「柯维+」的适用性，请添加微信coveyplus，联系柯维数字化学习团队的专员以获得体验账号。

富兰克林柯维公司在中国提供的解决方案包括：

I. 领导力发展：

高效能人士的七个习惯®(标准版) The 7 Habits of Highly Effective People®	THE 7 HABITS of Highly Effective People SIGNATURE EDITION 4.0	提高个体的生产力及影响力，培养更加高效且有责任感的成年人。
高效能人士的七个习惯®(基础版) The 7 Habits of Highly Effective People® Foundations	THE 7 HABITS of Highly Effective People FOUNDATIONS	提高整体员工效能及个人成长以走向更加成熟和高绩效表现。
高效能经理的七个习惯® The 7 Habits® for Manager	THE 7 HABITS for Managers ESSENTIAL SKILLS AND TOOLS FOR LEADING TEAMS	领导团队与他人一起实现可持续成果的基本技能和工具。
领导者实践七个习惯® The 7 Habits® Leader Implementation	7 HABITS Leader Implementation COACHING YOUR TEAM TO HIGHER PERFORMANCE	基于七个习惯的理论工具辅导团队成员实现高绩效表现。
卓越领导4大天职™ The 4 Essential Roles of Leadership™	The 4 Essential Roles of LEADERSHIP	卓越的领导者有意识地领导自己和团队与这些角色保持一致。
领导团队6关键™ The 6 Critical Practices for Leading a Team™	THE 6 CRITICAL PRACTICES FOR LEADING A TEAM	提供有效领导他人的关键角色所需的思维方式、技能和工具。
乘法领导者® Multipliers®	MULTIPLIERS HOW THE BEST LEADERS IGNITE EVERYONE'S INTELLIGENCE	卓越的领导者需要激发每一个人的智慧以取得优秀的绩效结果。
无意识偏见™ Unconscious Bias™	UNCONSCIOUS BIAS	帮助领导者和团队成员解决无意识偏见从而提高组织的绩效。
找到原因™：成功创新的关键 Find Out Why™: The Key to Successful Innovation	Find Out WHY THE KEY TO SUCCESSFUL INNOVATION	深入了解客户所期望的体验，利用这些知识来推动成功的创新。
变革管理™ Change Management™	CHANGE How to Turn Uncertainty Into Opportunity	学习可预测的变化模式并驾驭它以便有意识地确定如何前进。

培养商业敏感度™ Building Business Acumen™		提升员工专业化,看到组织运作方式和他们如何影响最终盈利。

II. 战略共识落地：

高效执行四原则® The 4 Disciplines of Execution®		为组织和领导者提供创建高绩效文化及战略目标落地的系统。

III. 个人效能精进：

激发个人效能的五个选择® The 5 Choices to Extraordinary Productivity®		将原则与神经科学相结合,更好地管理决策力、专注力和精力。
项目管理精华™ Project Management Essentials for the Unofficial Project Manager™		项目管理协会与富兰克林柯维联合研发以成功完成每类项目。
高级商务演示® Presentation Advantage®		学习科学演讲技能以便在知识时代更好地影响和说服他人。
高级商务写作® Writing Advantage®		专业技能提高生产力,促进解决问题,减少沟通失败,建立信誉。
高级商务会议® Meeting Advantage®		高效会议促使参与者投入、负责并有助于提高人际技能和产能。

IV. 信任：

信任的速度™（经理版） Leading at the Speed of Trust™		引领团队充满活力和参与度,更有效地协作以取得可持续成果。
信任的速度®（基础版） Speed of Trust®: Foundations		建立信任是一项可学习的技能以提升沟通,创造力和参与度。

V. 顾问式销售：

帮助客户成功® Helping Clients Succeed®		运用世界顶级的思维方式和技能来完成更多的有效销售。

VI. 客户忠诚度：

引领客户忠诚度™ Leading Customer Loyalty™		学习如何自下而上地引领员工和客户成为组织的衷心推动者。

助力组织和个人成就卓越

富兰克林柯维管理经典著作

《高效能人士的七个习惯》
（30周年纪念版）（全新增订版）

书号：9787515360430
定价：79.00元

《高效能家庭的7个习惯》

书号：9787500652946
定价：59.00元

《高效能人士的第八个习惯》

书号：9787500660958
定价：59.00元

《要事第一》（升级版）

书号：9787515363998
定价：79.00元

《高效执行4原则2.0》

书号：9787515366708
定价：69.90元

《高效能人士的领导准则》

书号：9787515342597
定价：59.00元

《信任的速度》

书号：9787500682875
定价：59.00元

《项目管理精华》

书号：9787515341132
定价：33.00元

《信任和激励》

书号：9787515368825
定价：59.90元

《领导团队6关键》

书号：9787515365916
定价：59.90元

《从管理混乱到领导成功》

书号：9787515360386
定价：69.00元

《激发个人效能的五个选择》

书号：9787515332222
定价：29.00元

《实践7个习惯》

书号：9787500655404
定价：59.00元

《生命中最重要的》

书号：9787515333519
定价：39.00元